zeitgeisterbahn

noch mehr krause gedanken

buch nr. 4

ERICH KRAUSE

NOCH MEHR KRAUSE GEDANKEN –BUCH NR. 4

auch auf die eher ungereimten sachen
versuch ich oft, mir einen reim zu machen

Der Autor *war Lehrer und Schulleiter an Grundschulen. Gedichte, meist mit einem ironischen Unterton und meist als Songs gedacht, macht er zu seinem und anderer Leute Vergnügen – oft aber auch, um etwas kritisch zu betrachten.*
Die anderen Bücher mit „krausen Gedanken":
KRAUSE GEDANKEN – Liederbuch Nr. 1
ISBN: 9783739208909
SCHRÄGE VÖGEL – Krause Gedanken und Bilder
(Liederbuch Nr. 2) ISBN: 9783743142046
MEHR KRAUSE GEDANKEN – GEDANKENSPRÜNGE
(Liederbuch Nr. 3) ISBN: 9783744882118
Mehr unter www.gedankenfluege.de und www.erich-krause.de

Bibliografische Information der Deutschen Nationalbibliothek:
Die Deutsche Nationalbibliothek verzeichnet diese Publikation in der Deutschen Nationalbibliografie; detaillierte bibliografische Daten sind im Internet über http://dnb.dnb.de abrufbar.

© 2019 Erich Krause

Herstellung und Verlag: BoD – Books on Demand, Norderstedt
ISBN: 9783749449019

INHALT

ZEITGEISTERBAHN 7

NICHT ALLE TASSEN IM SCHRANK 8

TEMPOHEIMATLAND 10

WIR MACHEN ZU VIEL FALSCH 12

TAG DES PURZELBAUMS 14

DES KAISERS NEUE KLEIDER oder KINDERMUND 16

ANSPRUCHSVOLL 18

NICHT IM GLEICHEN BOOT 19

DAS TRAMPELTIER 20

BEGRIFFSVERWIRRUNG 22

ETIKETTENSCHWINDEL 24

SAU DURCHS DORF GEJAGT 25

NACHRUF AUF DEN GEWÖHNLICHEN MITBÜRGER 26

SCHWEIGENDE MEHRHEIT 28

IRGENDWANN KOMMT ALLES RAUS 30

KEIN ALIBI 32

VERMUTLICH MASOCHISTEN 34

LEICHTER GEHT'S MIT VORURTEILEN 36

WENN LÜGEN KURZE BEINE HÄTTEN 38

DIE WAHRHEIT 40

EMPÖRUNG 42

GENUG 44

KOKI – KOMMERZIELLER KINDERKANAL 45

MÖRDER TV 46

AMOK 48

GUTE BOMBEN 49

DER ERSCHÖPFUNGSBERICHT 50

TRAUMSCHIFF 68, GEISTERSCHIFF 52

ÜBERHÖRT 54

ZEITGEISTERBAHN

du kannst auto fahren oder du kannst fliegen
kannst ein schiff benützen oder auch die bahn
du kannst gehen, stehen, sitzen oder liegen –
du bist schon unterwegs
in der z e i t g e i s t e r b a h n

megastars und unbekannte zeitgenossen
leute mit und leute ohne größenwahn
fahren widerwillig oder unverdrossen –
so wie du und so wie ich
in der z e i t g e i s t e r b a h n

alte hüte, neue moden, schrille töne
emotionen, kalkuliert oder spontan
kluge worte, dumme sprüche und gedröhne –
und noch mehr kannst du erleben
in der z e i t g e i s t e r b a h n

du kannst angepasst sein oder quer dich legen
kannst genial sein oder doof und ohne plan
kannst dafür sein – oder auch dagegen
du bist ein passagier
in der z e i t g e i s t e r b a h n

NICHT ALLE TASSEN IM SCHRANK

hättest du im schrank nicht alle tassen
oder würdest du öfter die sau rauslassen
hättest du dich öffentlich schlecht benommen –
dann könntest du in die zeitung kommen

wärst du ein hansdampf in allen gassen
und könntest die puppen tanzen lassen
und ließest du es so richtig krachen –
du könntest von titelseiten lachen

wärst du schon richtig verrückt gewesen
oder hättest du irre und steile thesen –
dann könntest du sicher in talkshows kommen
und würdest vermutlich ernst genommen

würdest du dreckige witze machen
und hielte man sich dann den bauch vor lachen
ohne den kopf dabei anzustrengen –
das publikum würde sich zu dir drängen

würdest du richtig hundsgemein
und ekelhaft zu den leuten sein
oder wärst du zynisch und arrogant –
dann wärst du wenigstens dafür bekannt

wärst du so richtig dreist und dumm
und wär's dir nicht peinlich vor publikum
und könntest du sonst auch so gut wie nix –
du hättest auf youtube millionen von klicks

und würde allmählich dein ruhm vergehn
und würde man dich nur noch selten sehn
könntest du, damit sie dich nicht vergessen
im dschungelcamp kakerlaken fressen

TEMPOHEIMATLAND

nach dem stau wird gas gegeben
tempo ist das halbe leben
tempo, um den kick zu kriegen
ein gefühl als könnt man fliegen
trödelt dann der vordermann
fährt man auf und blinkt ihn an

man fährt ziemlich angespannt -
deutschland, tempoheimatland

entspannter ist's in limitländern
trotzdem wird sich hier nichts ändern
tempo gilt als herzenssache
limit gilt als panikmache
limit hier - der frust wär groß
tempofahrer heimatlos

freie fahrt, gefahr gebannt -
deutschland, tempoheimatland

andere länder, andere sitten
und mitunter sehr umstritten:
amis wollen waffen tragen
deutschland will mit tempo jagen
meinungsforscher teilen mit:
limit ist kein wahlkampfhit

und kritik verläuft im sand -
deutschland, tempoheimatland

sind wir auch ansonsten klamm
tempo ist und bleibt programm
investiert wird jederzeit
für die höchstgeschwindigkeit
und es gilt auf jeden fall:
formel eins ist überall

der minister gibt bekannt:
deutschland, tempoheimatland

WIR MACHEN ZU VIEL FALSCH

wir machen zu viel falsch
und rennen ins verderben
die dummheit hat die oberhand
verstand droht auszusterben

wir sind zu unbescheiden
und sind voll übermut
wir sagen nicht die wahrheit
und hoffen, es geht gut

wir sind zu ungeduldig
wir kratzen gleich, wenn's juckt
wir essen ungesundes zeug
es wird zu viel geschluckt

wir gucken schlechte filme
vergeuden unsre zeit
wir sind zu faul zum laufen
und gehn doch oft zu weit

wir machen zu viel falsch
und machen uns verrückt
wir machen alles schlecht
auch wenn mal etwas glückt

wir sind zu unbescheiden
und voller ungeduld
wenn irgendwas nicht klappt
dann sind die andern schuld

wir meckern über alles
und reden alles schlecht
und hoffen aber insgeheim
wir hätten doch nicht recht

wir machen zu viel falsch
und handeln uneinsichtig
wir ahnen, dass es falsch ist –
und machen's doch nicht richtig

TAG DES PURZELBAUMS

den weltspartag, den tag des baums
kennt man ja hierzuland
vermutlich ist der tag des traums
noch nicht so recht bekannt

und auch der tag des purzelbaums, der tag der jogginghose
der tag des toasts, des badeschaums, der tag der aprikose
der strudel-tag, der nudel-tag, der tag der zuckerstangen
sind bei uns ziemlich unbekannt und werden kaum begangen

im großen, weiten land
der unbegrenzten möglichkeit
ist man sich dessen mehr bewusst
schon seit geraumer zeit

man kennt dort unter anderem den tag der tiefkühlkost
den welttag für das kuscheltier und für die freundschaftspost
den tag für kuss und kokosnuss, den tag der komplimente
den tag für kuh und für tattoo und für die quietsche-ente

guck nur mal nach im internet:
es gibt schon reichlich tage
für jedes thema, jedes wetter
jede lebenslage:

den knuddeltag, den schneemanntag und den weltnierentag
den trag-die-zimmerpflanze-heute-mal-spazieren-tag
den iss-nen-roten-apfel-tag, den tag des pfützen-springens
den tret-nicht-auf-die-biene-tag und auch den tag des singens

und fällt dir einmal gar nichts ein
was dich grad interessiert –
dann schau auf den kalender
ob der tag dich inspiriert:

der zieh-dein-haustier-an-tag und der tag des scharfes essens
der hast-du-schon-gepupst-tag, der gedenktag des vergessens
der rückwärts-tag, zu-spät-komm-tag, der tag des eierkuchens
der sag-was-nettes-tag oder vielleicht der tag des fluchens

man findet diese tage
bei uns kaum in den kalendern
doch keine sorge – ich nehm an
das wird sich demnächst ändern

DES KAISERS NEUE KLEIDER
oder KINDERMUND

ein schneider (ein auf-schneider) und ein schuft
machte dem kaiser kleider nur aus luft
er sagt sie wären fein gewebt und intellektuell
der kaiser war geschmeichelt (und wohl nicht besonders hell)

kein untertan hätt' zu der zeit
kritik daran gewagt
jedoch ein kind hat laut und deutlich
"er ist nackt!" gesagt

ein künstler, der erschuf für hohen lohn
ein großes werk in einer kunstaktion
der platz vor dem theater war dafür gerade recht
die leute kamen, um's zu sehn und staunten gar nicht schlecht

es riefen viele „ah!" und „oh!" –
ein kind, das sprach zum vater:
kann auch mein altes fahrrad
auf den sperrmüll vorm theater?

ein maler, ein ganz ungestümer, wilder
erschuf mit großer geste große bilder
ein bild war ganz besonders teuer und ist sehr bekannt
es hängt dort im museum gut beleuchtet an der wand

die herrn und damen staunten –
und ein kind, das weinte laut:
ich hab hier wirklich nichts gemacht!
Ich hab das nicht versaut!

ein schreiber war als mensch wohl eher friedlich
doch was er schrieb, war nicht grad appetitlich
und die kritik im feuilleton war absolut entzückt:
es sei zwar harte kost, doch literarisch sehr geglückt

weil kinder solche rezensionen
und
das buch nicht lesen
schweigt der kindermund

ANSPRUCHSVOLL

wer leicht verständliche worte spricht
den beachten wir nicht

wer gewöhnliche reime schreibt
der soll doch sehen, wo er bleibt

lieder, die harmonisch klingen,
braucht man uns gar nicht vorzusingen

bilder, die jeder bezahlen kann
gucken wir überhaupt nicht an

bücher mit spannung und amüsant
sind für uns völlig uninteressant

ist ein film leicht zu verstehn
raten wir keinem ihn anzusehn

ist das theater keine qual
finden wir die sache banal

und ist etwas wirklich drastisch
finden wir es fantastisch

NICHT IM GLEICHEN BOOT

sie investieren und gewinnen
und können ihre netze spinnen

sie lieben das kulturgeschehn
sie lassen sich dabei gern sehn

sie haben ihre eignen orte
sie haben ihre eignen worte

sie lassen einen hohen zaun
rund um ihre häuser baun

beziehungen und rechtsanwälte
schützen sie vor medienschelte

mit steuern muss man sie verschonen
was sie sich leisten, muss sich lohnen

sie sagen: besser ist privat
sie wollen möglichst wenig staat

sie sitzen nicht im gleichen boot
wenn das schiff zu sinken droht

DAS TRAMPELTIER

in wüsten lebt das trampeltier
meist friedlich und gesellig
zwei höcker auf dem buckel oben
sind ganz augenfällig

bei trampeltieren hierzuland
sind höcker nicht zu sehen
sie trampeln wie ein elefant
und können aufrecht gehen

ein trampeltier von dieser art
das fühlt sich stark und groß
und freundlichkeiten sind ihm fremd
und es ist rücksichtslos

und wo es trampelt
halten es auch keine worte auf
wenn etwas auf dem boden liegt
dann tritt es auch noch drauf

es will auch wie ein elefant
bedeutungsvoll trompeten
und wo es hintritt, wächst kein gras –
alles wird platt getreten

wenn so ein trampel schrill und wuchtig
durch die gegend schreitet
stinkt's vielen ganz gewaltig
dass er seinen mist verbreitet

was ich hier schreib, ich sag's nochmal
betrifft nicht die bekannten
normalen trampeltiere
und die echten elefanten

denn echte trampeltiere
sind sozial nicht so gestört
und echte elefanten
wissen ja was sich gehört

BEGRIFFSVERWIRRUNG

begriffe werden leider oft
verdreht und auch geklaut
der „gutmensch" wurde schlechtgemacht
„besorgt" ist auch versaut

ein „gutmensch" ist – so sagt das wort –
nicht schlecht und nicht gemein
in diesem sinne möchte ich
auch gern ein gutmensch sein

ein „gutmensch" – sagt der unterton –
läg allerdings ganz schief
wär ziemlich links gestrickt
realitätsfern und naiv

und viele, die das meinen
und sich deutlich rechts verorten
die nennen sich „besorgte bürger"
mit ihren eignen worten

mitunter sind „besorgte bürger"
allerdings auch sehr enthemmt
ich bin ein bürger und besorgt
doch so was ist mir fremd

ich stelle fest und wundre mich
auch manchmal mit entsetzen
wie oft und leicht es doch gelingt
begriffe zu besetzen

die wörter sind ganz hilflos
wie im sturm die kleinsten schiffe
und werden leicht zum opfer
der verwirrung der begriffe

weil dem so ist, fehlt mir der mut
zum offenen bekenntnis
als ein besorgter gutmensch
fürcht ich das missverständnis

ETIKETTENSCHWINDEL

an mancher lösung ohne mut
an vielem, was man notgedrungen tut
und oft an dem, was bei der masse kasse macht
wird der begriff reform gut sichtbar angebracht

so manche mogelpackung wird damit beschriftet
manch schlaffer kompromiss wird so geliftet

auch ewig gestriges verkauft sich nett
mit dem begriff reform als etikett

SAU DURCHS DORF GEJAGT

ein thema ist neu angesagt –
in medien und in sozialen netzen
es wird als neue sau durchs dorf gejagt
und sorgt für staunen oder für entsetzen

es könnte ein ganz schrecklicher skandal sein
von dem dann überall berichtet wird
es könnte auch im grunde ganz banal sein
wenn nur genug dazu gedichtet wird

und immer ist das thema dominant
und immer wieder ist man tief betroffen
und plötzlich ist es nicht mehr interessant
und immer wieder bleiben fragen offen

hat man sich nur genügend aufgeregt
und ist die sache nicht mehr so gefragt
wird eine neue platte aufgelegt
und eine neue sau durchs dorf gejagt

NACHRUF AUF DEN GEWÖHNLICHEN MITBÜRGER

eine unbedeutende existenz:
ohne jegliche prominenz
keine skandale, keine exzesse
keine erwähnung in der presse
(er hörte immer ein bisschen mit neid
von dekadenz und ruchlosigkeit)

eine unbedeutende person:
ohne dramatische depression
hat lebensgefahren meistens vermieden
war verheiratet und nicht geschieden
war sparsam und hatte genug zum leben
(hätte bestimmt gern mehr geld ausgegeben)

ein unbedeutender zeitgenosse
weit weg von der welt der eliten und bosse
hat steuern nur minimal hinterzogen
hat niemals die öffentlichkeit belogen
(wurde aber – ehrlich gesagt –
auch niemals öffentlich was gefragt)

ein unbedeutendes individuum:
war kein genie und war auch nicht dumm
hat irgendwie seinen weg gemacht
hat's im beruf zu was gebracht
produzierte sich nicht in der öffentlichkeit
(und hatte dazu nie gelegenheit)

eine unbedeutende gestalt:
war unauffällig und wurde alt
ist auch nie auf den hund gekommen
hat nie an talkshows teilgenommen
behielt seine abgründe lieber für sich
(war in dieser hinsicht wie du und ich)

er war – jedenfalls zu seiner zeit –
ein wahres wunder an durchschnittlichkeit
er war nicht zu klein und nicht zu groß
und war immer ein bisschen ruhelos
(hätt manchmal auch gern zu den schlimmen gehört
aber hat sich lieber darüber empört)

SCHWEIGENDE MEHRHEIT

von der schweigenden mehrheit zu sprechen
gilt oft als mittelschweres verbrechen
aus (ziemlich) abgehobener sicht
gibt es die schweigende mehrheit nicht

und auch wenn keiner sie wirklich kennt
ist die schweigende mehrheit wohl existent:
sie mag zwar manches oft nicht laut sagen
doch in ihr brodelt das unbehagen

vielleicht sind's die netten, nur etwas verstörten
die ruhigen, eher maßvoll empörten
die geduldigen, eher bürgerlichen
gestresst von vielen banalen sprüchen

sie halten im zaum – aus gutem grund
unter anderm den inneren schweinehund
der zivilisiert und sozialisiert ist
und demokratisch domestiziert ist

doch werden sie allzu sehr erschreckt
dann werden schlafende hunde geweckt
die mitunter auch schon mal laut bellen
will man ihre welt in frage stellen

der mensch ist ein ziemlich wildes tier –
nicht bloß die andern, sondern auch wir
und geht es mal richtig ans eingemachte
dann bitte mit vorsicht und immer sachte

es ist üblich bei fortschritts-pionieren
die schweigende mehrheit zu ignorieren
und nicht bloß deshalb, weil man sie nicht liebt
sondern weil man nicht glauben will, dass es sie gibt

könnte sein, dass sie damit den weg bereiten
für allzu laute minderheiten
die hoffen, dass sich mit parolen und klagen
die mehrheiten auf ihre seite schlagen

IRGENDWANN KOMMT ALLES RAUS

irgendwann kommt alles raus
das peinliche und das fatale
irgendwann kommt alles raus
die übeltaten und skandale

die besten lügen helfen nicht –
alles kommt eines tags ans licht

irgendwann kommt alles raus
kleine und große missetaten
irgendwann kommt alles raus
es wird entdeckt oder wird verraten

manchmal siegt die gerechtigkeit
gerade noch zur rechten zeit

irgendwann kommt alles raus
die üblen tricks, die leichen im keller
irgendwann kommt alles raus
man wünscht sich oft, es ginge schneller

manch dunkles geheimnis, gut versteckt
wird allerdings leider zu spät entdeckt

irgendwann kommt alles raus
und die lügengebäude sind kaputt
irgendwann gräbt man die wahrheit aus
in archiven, gräbern und unter schutt

irgendwann wird man es dann erfahren
vielleicht allerdings erst in tausend jahren

okay, ich verstehe, du bist erbost
und findest, das ist ein sehr schwacher trost

KEIN ALIBI

ich mache keine krummen sachen, bin nicht kriminell
doch aus den krimis weiß ich: in verdacht gerät man schnell
wenn ich im fernsehn krimis gucke, denk ich manchmal: wie
wär's, wenn ich verdächtig wär und hätt kein alibi?

ich bin naiv und kümmere mich leider nie
um ein A L I B I

ich raube und ich morde nicht, gehöre zu den braven
hab letzte nacht ganz friedlich auch in meinem bett geschlafen
doch was, wenn man mir unterstellt, ich wär nachts heimlich raus
und hätte jemand umgebracht und schlich mich dann nach haus?

ich bin naiv und kümmere mich leider nie
um ein A L I B I

ich stell' mir vor, man fragt mich, wo ich nachts um zwölfe war
an irgendeinem wochentag vor über einem jahr
ein alibi für letztes jahr – das wär der supergau –
ich weiß ja das, was gestern war, schon nicht mehr so genau

ich bin naiv und kümmere mich leider nie
um ein A L I B I

ich hatte leider neulich einen ziemlich üblen traum:
man hatte mich verhaftet, ich saß im vernehmungsraum
ich sagte: ich hab nichts getan! jedoch da sagten sie:
das ist uns schnuppe und egal – du hast kein alibi!

ach, warum war ich so naiv und kümmerte mich nie
um ein A L I B I

doch nun geht es mir besser, denn mein handy registriert
wann, wo, warum und wie ich war – gut, dass das funktioniert
es speichert alles regelmäßig und vergisst es nie –
ach, danke google, du sorgst immer für mein alibi!

ich bin nun aus dem schneider – aber jetzt frag ich dich: wie
steht es eigentlich um dich und um dein A L I B I ?

sichert googles androide alle deine orte?
speichert google zuverlässig alle deine worte?
oder schenkst du lieber einem iphone dein vertrauen?
sicher wird auch apple dir gern auf die finger schauen

wenn du deine chancen nützt, musst du dir niemals nie
sorgen machen, denn dann hast du stets ein A L I B I

VERMUTLICH MASOCHISTEN

politiker sind unentbehrlich, aber unbeliebt
man gibt ihnen die schuld, wenn's irgendwo probleme gibt
bei wahlen wollen trotzdem immer leute auf die listen
da stellt sich mir dann doch die frage:
sind es masochisten?

politiker im film, im krimi, im theaterspiel
sind stets korrupt, versoffen, dämlich oder pädophil
das publikum vermutet, dass es wirklich auch so ist –
wer das erträgt und aushält
ist vermutlich masochist

wenn einer nur das beste will, dann wird ihm unterstellt
es ging ihm nur um die karriere oder nur ums geld
das tut doch sicher weh, wenn man so abgestempelt ist –
wer solche qual erduldet
ist vermutlich masochist

oft ist ein politikmensch ziemlich forsch und ziemlich kess
und dann geschieht's ihm recht, dass er auch leidet unter stress
und dass er leidet und sich quält, ist – wie ihr alle wisst –
ganz typisch und verrät:
er ist vermutlich masochist

egal, wer politik macht, ob es gut ist oder schlecht
egal, was er auch tut, er macht es letztlich keinem recht
wer das erträgt und ständig ziel von wut und ärger ist –
und es vielleicht auch braucht –
der ist vermutlich masochist

auch wenn wir schimpfen, uns beklagen oder auch nur lachen –
wir brauchen in der politik ja trotzdem leute, die es machen
am besten voller tatkraft und auch voller optimismus –
und – das ist unvermeidlich –
mit der tendenz zum masochismus

LEICHTER GEHT'S MIT VORURTEILEN

mit vorurteilen lebt es sich leichter
man lässt sich nicht ein auf 'ne andere sicht
mit vorurteilen lebt es sich leichter
es stören auch argumente nicht

keine zweifel, die verwirren
sicher sein, sich nicht zu irren
gut und böse einzuteilen –
leichter geht's mit vorurteilen

mit vorurteilen lebt es sich leichter
man hat auch für alles ein beispiel zur hand
mit vorurteilen lebt es sich leichter
alles ist fest im gehirn eingebrannt

kein bedarf zu überlegen
keine hemmung, heftig gegen
andersdenkende zu keilen –
leichter geht's mit vorurteilen

mit vorurteilen lebt es sich leichter
man igelt sich in seine meinung ein
mit vorurteilen lebt es sich leichter
man lässt auch mal fünfe gerade sein

und nichts kann den eifer dämpfen
ohne kompromiss zu kämpfen
und sein weltbild mitzuteilen –
leichter geht's mit vorurteilen

ach, die welt ist kompliziert
jedes ding hat viele seiten
wenn man sich nicht informiert
ist es leichter zu bestreiten

einfach unbekümmert hetzen
und sich in sozialen netzen
an parolen aufzugeilen –
leichter geht's mit vorurteilen

WENN LÜGEN KURZE BEINE HÄTTEN

wenn lügen kurze beine hätten
dann würden sie langsamer laufen
dann müssten sie – da kannst du drauf wetten –
oft stehen bleiben und schnaufen

wenn lügen hässliche fratzen hätten
dann wär'n sie nicht gern gesehn
man würde ihnen – da kannst du drauf wetten –
schnell aus dem wege gehen

wenn lügen sich schlampig gekleidet hätten
ungepflegt und mit schmutzigen sachen
man würde um sie – da kannst du drauf wetten –
wohl einen bogen machen

wenn lügen keine manieren hätten
ungehobelt und unbescheiden
dann würden die meisten – da kannst du drauf wetten –
ihre gesellschaft meiden

doch lügen sind oft sehr elegant
und manchmal nur allzu schön –
sie unterhalten uns recht charmant
und sind deshalb gern gesehn

die wahrheit ist meistens nicht so schick
sie ist oft hässlich und unbequem
kommt gern auch im falschen augenblick
und verursacht nicht selten ein problem

die wahrheit kann sehr auf die nerven gehn
und kann mitunter sehr penetrant sein
sie ist dann meistens nicht gern gesehn
und keiner will mit ihr bekannt sein

kein wunder, dass die wahrheit leidet
so ungeliebt, oft sogar unterdrückt
drum versteckt sie sich oft oder hat sich verkleidet
und man hat den eindruck, sie ist verrückt

und wenn die wahrheit nicht länger erträgt
dass man sie missachtet und nicht respektiert
kann es sein, dass sie ziemlich wild um sich schlägt –
und abgelehnt wird, weil sie provoziert

es bieten sich nette lügen dann
freundlich als helfer und tröster an
und wir lassen uns gern von lügen retten –
auch, wenn diese kurze beine hätten

DIE WAHRHEIT

die wahrheit ist oft nicht leicht zu erkennen
sie ist nicht zuletzt eine frage der sicht
und was die einen die wahrheit nennen
ist es für andere manchmal nicht

doch es gibt auch dinge – das ist ja ganz schön –
die sind für alle leicht einzusehn

zum beispiel wird man nicht darum streiten
ob ein unterschied ist zwischen tag und nacht
denn diese erfahrung hat in unsern breiten
eigentlich jeder persönlich gemacht

im grunde wird hier etwas einfach beschrieben
von „wahrheit" zu reden ist da übertrieben

dass die erde als kugel im weltall schwebt
wird heute auch keiner mehr bestreiten
doch weil man's nicht wirklich bewusst erlebt
war es heftig umstritten in früheren zeiten

es ist zwar für uns auch nicht offensichtlich
doch es ist erforscht und wir finden es richtig

es gibt auch wahrheit, mit der ist es schwierig
man stößt ja oft auch auf widersprüche
und mancher sucht den widerspruch gierig
in wissenschaft und gerüchteküche

betrachten wir's mal mit nüchterner klarheit:
es gibt nicht immer die eine wahrheit

oft ist die wahrheit ein heißes eisen
sie wird auch geschmiedet, gedreht und gedrechselt
die wahrheit ist oft nicht zu beweisen
und oft wird sie auch mit der meinung verwechselt

jeder hat seinen eigenen blick auf die welt
und wir glauben am liebsten, was uns gefällt

und wer aus dummheit oder kalkül
die fakten verdreht oder ganz missachtet
behauptet dramatisch und oft voll gefühl
er hätte die wahrheit für sich gepachtet

er findet sicher ein publikum
dem nichts zu absurd ist und nichts zu dumm

EMPÖRUNG

empörung ist sicher oft angebracht
und auch berechtigt – ganz ohne frage
doch sie raubt mitunter den schlaf in der nacht
und ist auch schädlich am tage

empörung, wenn sie uns nicht ruhen lässt
strengt an, kostet nerven und stresst

empörung macht oft auch selbstgerecht
und mag nicht argumentieren
sie teilt schnell ein in gut oder schlecht
und lässt nicht mit sich diskutieren

empörte hören oft schlecht und sind
mindestens auf einem auge blind

empörung kann keinen spaß verstehen
und macht sich im zorn doch leicht lächerlich
sie neigt dazu, schnell in die luft zu gehen
und gerät sogar manchmal ganz außer sich

empörung – egal aus welchem motiv –
ist leicht entflammbar und hochexplosiv

empörung ist oft auch überaus laut
in den worten grob, in den thesen steil
doch wer zu sehr auf die pauke haut
der erreicht vielleicht grad das gegenteil

empörung ist – läuft es mal richtig schief –
vielleicht sogar kontraproduktiv

empörung verbraucht viel leidenschaft
bringt stress mit sich und auch frust
sie kostet nerven und lebenskraft
und sicher auch lebenslust

es empfielt sich, empörung gut zu dosieren
und möglichst gelassen zu reagieren

GENUG

worte sind genug gewechselt
reden sind genug geschwungen
bücher sind genug geschrieben
lieder sind genug gesungen

bilder sind genug gezeigt
einwände genug gemacht
fragen sind genug gestellt
opfer sind genug gebracht

pläne sind genug geschmiedet
träume sind genug geträumt
zeit genug ist schon verloren
chancen sind genug versäumt

kaffee ist genug getrunken
kuchen ist genug verzehrt
spesen sind genug berechnet
flaschen sind genug geleert

was zu sagen ist, ist nun gesagt
aber die beschlüsse sind vertagt

KOKI – KOMMERZIELLER KINDERKANAL

es ist – das sagt schon der name –
ein kinderkanal für reklame
lustig und bunt und mit vielen tollen
sachen, die kinder dann wollen sollen

der kanal zeigt laufend zeichentricks
und werbung – ansonsten weiter fast nix
bildung stört – sie ist deshalb verboten
beim erziehen von kleinen konsumidioten

es gibt action, man quasselt und es kracht
von früh am morgen bis spät in die nacht
leider schalten noch viele mütter – oh graus
das kinderfernsehn zum schlafen aus

doch man hofft auf die neue generation
von eltern, denn die sorgen dann schon
für tablet und handy im kinderzimmer –
und irgendwas läuft dann sicher immer

denn still darf es dann in der nacht nicht sein
sonst schlafen die kinder ja nicht ein

MÖRDER TV

es gibt programme für musik und sport
aber viele interessieren sich mehr für mord
und sie wollen nicht krimis und ausgedachtes
sondern echte tote und selbstgemachtes

gesponsert von waffen- und drogenkartellen
und von erfolgreichen kriminellen
bedient nun dieses bedürfnis genau
über satellit und internet mörder tv

im killerclub wird dort den kindern erzählt
wie man kuscheltiere foltert und hamster quält
wie man katzen und hunde im bach ersäuft
und wie man in der schule amok läuft

eine pycho-show wird auch angeboten
sie endet meist mit mehreren toten
und im kochstudio kocht wie schon mehrere male
ein berühmt-berüchtigter kannibale

die nachrichten berichten von todesfällen
bei denen die mörder die opfer entstellen
auch katastrophen machen sich gut
und kriege mit leichen und mit viel blut

der is-report aus dem nahen osten
bringt videoclips, die gar nichts kosten
die aber sehr beliebt sein sollen
weil da zum beispiel auch köpfe rollen

danach wird es lustig – dann kommt wieder mal
der quotenhit mörder tv total
und als weiterbildung könnte sich lohnen
eine doku über obduktionen

und um mitternacht zersägt in mörder tv
der sandmann dann eine nackte frau
diese sendung ist kult und auf youtube ein hit
und es machen schon viele jetzt selber mit

und im anschluss an die zersägte dame
gibt's wieder waffen- und gift-reklame
des nachts läuft ein film, der im kino schockierte
und bei dem die kritik schaudernd applaudierte

wer sich interessiert, kann noch weiterschauen
es gibt mörderclips bis zum morgengrauen

AMOK

von dem gedanken ganz besessen
man sollte ihn nicht übersehn
man sollte niemals ihn vergessen
bestimmte er nun das geschehn

es war wohl leichter als er dachte
er nahm die waffe, ging so vor
wie er es tausendmal schon machte
zuhause auf dem monitor

es war sein tag und seine stunde
es war sein hass, es war sein ziel
es war die allerletzte runde
es war sein allergrößtes spiel

er hatte alles aufgegeben
das war's ihm wert, das war ihm klar
doch andre zahlten mit dem leben
das für sie vorgesehen war

man hört nicht auf, es zu erzählen
vom täter hat man tausendmal
gehört auf sämtlichen kanälen -
die opfer sind nur eine zahl

GUTE BOMBEN

bomben und raketen sind an sich
ziemlich unbeliebt und fürchterlich
doch das gilt nicht immer absolut –
manchmal gelten bomben auch als gut

gute bomben, technisch gut gebaut
explodieren auch und krachen laut
sie verbreiten zwar auch angst und schrecken
doch sie dienen ja nur guten zwecken

böse sachen machen sie kaputt
machen draus ruinen, schrott und schutt
den terroristen und den diktatoren
fliegen dann die trümmer um die ohren

gute bomben treffen, wenn sie irren
(oder um den gegner zu verwirren)
auch mal kinder und zivile laien
manchmal sogar auch die eignen reihen

doch jede gute bombe, die da fällt
will eigentlich nur frieden in der welt –
es könnte aber sein, dass sie vielleicht
genau das gegenteil davon erreicht

DER ERSCHÖPFUNGSBERICHT

als gott die welt erschaffen hat
fand er sie ziemlich gut
er war mit sich zufrieden
und er hat sich ausgeruht
er hat sein werk dem adam
und der eva anvertraut
und hätte dann am liebsten
nur noch gütig zugeschaut

doch bald war klar: die menschheit war
nicht optimal geraten
im lauf der zeiten kam es
zu diversen missetaten
und weil man in gerechtem zorn
auch mal was grobes tut
hat gott die sünder weggespült
in einer großen flut

er hat es immer wieder auch
mit güte ausprobiert
die menschheit allerdings
hat alle zeichen ignoriert
er strafte auch oft streng
mit katastophen und mit kriegen
und hoffte doch, am ende
würde dann das gute siegen

gott hat nun aufgegeben
regulierend einzuschreiten
bei unseren diversen
selbstgemachten schwierigkeiten
und was er von uns wollte
kümmert längst schon keinen mehr
mag mancher auch behaupten
dass gott sein komplize wär

hat keinen sinn, gott anzurufen
er will's nicht mehr hören
wir sind ihm peinlich – er lässt sich
von uns auch nicht mehr stören
denn seine mittel sind erschöpft
er hat sich abgewandt
hat sich zurückgezogen –
adresse unbekannt

vielleicht hat er im kosmos
ja noch andere optionen
wo er den eindruck hat
es könnte sich die mühe lohnen

TRAUMSCHIFF 68, GEISTERSCHIFF

wir gingen an bord und wollten weit fort
weit fort von den alten gestaden
und frei schien die bahn - wir hatten den kahn
mit tausend träumen beladen

und wir verließen die heimatorte
das ticket war ja fast geschenkt
und im gepäck waren kluge worte
und jeder dachte, dass er auch lenkt

wir gingen ganz unbeschwert an bord
es war unser traumschiff, wir waren bereit
hauptsache weg und möglichst weit fort
hinaus auf den ozean der zeit

wellen und wind konnten uns nicht erschrecken
denn sowas stört optimisten nicht
wir wollten die neue welt entdecken
und endlich rief einer: land in sicht

und alle starrten hinaus ins weite
doch da war kein land, da war kein licht
das war zwar die erste richtige pleite
doch es störte noch nicht unsere zuversicht

wir fuhren dann lang ohne anzukommen
immer wieder rief jemand: land in sicht
wir haben es bald nicht mehr ernst genommen
denn leider stimmte es wieder nicht

hat man nach dem stand der dinge gefragt
hat einem jeder was andres gesagt -
und leider muss ich auch noch erwähnen:
es wimmelte nur so von kapitänen

die träume, von denen wir lange lebten,
waren allmählich aufgezehrt
und als um uns nur noch nebel schwebten
merkten wir: es lief was verkehrt

allmählich wurde es uns dann klar
als uns wieder der sturm um die ohren pfiff
dass dies wohl gar nicht das traumschiff war -
wir waren auf einem geisterschiff

ÜBERHÖRT

das, was mir auffällt oder nicht gefällt
das, was mich wundert (und vielleicht auch nicht)
was rings um mich und in der welt passiert
verfolge ich mit skepsis, aber interessiert

man ahnt so manches, aber vieles kommt auch plötzlich
und ratlos fragt man sich wieso, weshalb, warum
manches ist lächerlich und manches ist entsetzlich
und manches ist ganz einfach nur entsetzlich dumm

bevor ich mich zu schnell daran gewöhne
sag ich gelegentlich, was mich dran stört
und meistens meide ich dabei die schrillen töne
und bin gewöhnt daran, dass man es überhört